BIBLIOTHÈQUE-LEDUC

A mon Ami PIFFARETTI
Professeur au Conservatoire

ÉCOLE DE STYLE

LEÇONS MANUSCRITES

DE SOLFÈGE

À CHANGEMENTS DE CLÉS AVEC ACCOMPAGNEMENT DE PIANO

Autographes de l'Auteur

PROGRAMME DES ÉLÈVES-CHANTEURS

ÉDITION A. — *Voix de femmes :* Clés de sol 2e, Fa 4e, Ut 1re, Ut 3e lignes.
ÉDITION B. — *Voix d'hommes :* Clés de sol 2e, Fa 4e, Ut 4e lignes.
ÉDITION C. — Les cinq clés mélangées : Sol 2e, Fa 4e, Ut 1re, Ut 3e, Ut 4e lignes.

1er LIVRE : *20 Leçons.*
2e LIVRE : *20 Leçons.*

PAR

HENRI BÜSSER

Professeur au Conservatoire de Musique, Chef d'Orchestre de l'Opéra

CHAQUE LIVRE, PRIX : **4** FRANCS NET

Les mêmes, sans Accompagnement (ft gd in-8)
Autographes de l'Auteur
Chaque Livre, Prix : **1** *franc net.*

ALPHONSE LEDUC

ÉMILE LEDUC, P. BERTRAND et Cie
ÉDITEURS DE MUSIQUE
3, Rue de Grammont — PARIS

N° 537

1910

BIBLIOTHÈQUE-LEDUC

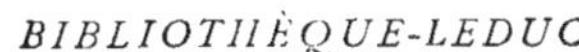

A mon Ami PIFFARETTI
Professeur au Conservatoire

ÉCOLE DE STYLE

LEÇONS MANUSCRITES

DE SOLFÈGE

À CHANGEMENTS DE CLÉS AVEC ACCOMPAGNEMENT DE PIANO

Autographes de l'Auteur

PROGRAMME DES ÉLÈVES-CHANTEURS

ÉDITION A. — *Voix de femmes :* Clés de sol 2e, Fa 4e, Ut 1re, Ut 3e lignes.
ÉDITION B. — *Voix d'hommes :* Clés de sol 2e, Fa 4e, Ut 4e lignes.
ÉDITION C. — Les cinq clés mélangées : Sol 2e, Fa 4e, Ut 1re, Ut 3e, Ut 4e lignes.

1er LIVRE : *20 Leçons.*
2e LIVRE : *20 Leçons.*

PAR

HENRI BÜSSER

Professeur au Conservatoire de Musique, Chef d'Orchestre de l'Opéra

CHAQUE LIVRE, PRIX : **4** FRANCS NET

Les mêmes, sans Accompagnement (ft gd in-8)
Autographes de l'Auteur
Chaque Livre. Prix : **1** *franc net.*

ALPHONSE LEDUC

ÉMILE LEDUC, P. BERTRAND et Cie
ÉDITEURS DE MUSIQUE
3, Rue de Grammont — PARIS

N° 537

TABLE

PREMIER LIVRE

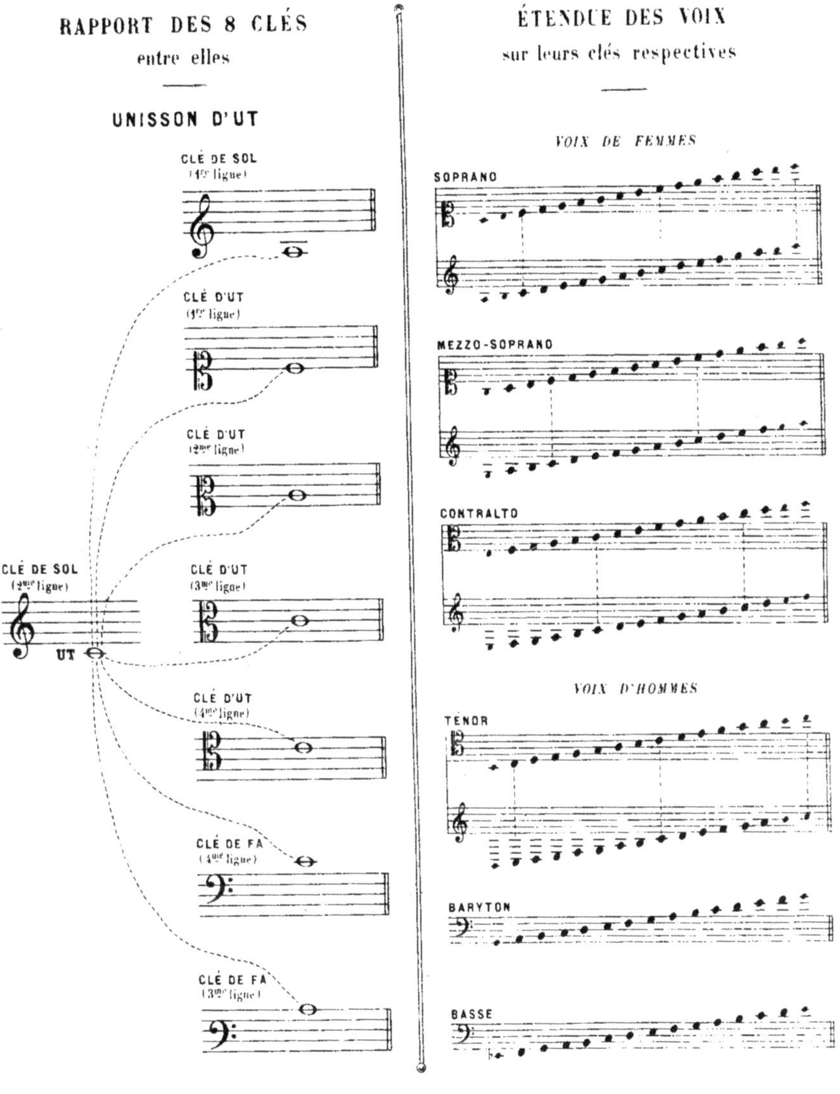
RAPPORT DES 8 CLÉS
entre elles
UNISSON D'UT
CLÉ DE SOL
(1re ligne)
CLÉ D'UT
(1re ligne)
CLÉ D'UT
(2me ligne)
CLÉ DE SOL
(2me ligne)
UT
CLÉ D'UT
(3me ligne)
CLÉ D'UT
(4me ligne)
CLÉ DE FA
(4me ligne)
CLÉ DE FA
(3me ligne)
ÉTENDUE DES VOIX
sur leurs clés respectives
VOIX DE FEMMES
SOPRANO
MEZZO-SOPRANO
CONTRALTO
VOIX D'HOMMES
TÉNOR
BARYTON
BASSE

A Madame C. VINOT, Professeur au Conservatoire

LEÇONS MANUSCRITES

DE SOLFÈGE

A CHANGEMENTS DE CLÉS

Programme des Elèves Chanteurs

1er Volume

20 LEÇONS

(Voix de Femmes)

HENRI BÜSSER

Nº 1

Paris, ALPHONSE LEDUC (Emile Leduc, P. Bertrand & Cie) A.L.14,028.

mf
f
pp
pp subito.
pp
cresc.
p
mf
Ped. (chaque mes.)
dim.
Dim.
p

riten
mf
Suivez.
a t°
p espressivo
cresc. p. a p.
A tempo.
p
Cresc. poco a poco.
Ped. (chaque mes.)

rall.
mf
p
Rall.
mf
p
p

N° 2
Allegretto vivo (132 à 140 = ♩.)
mf Legg.
Dim.
p
Sans Ped.
mf
p
f
p legg.
cresc.
cresc

p espressivo
cresc. poco
p
Cresc. poco.
Con Ped.
mf
mf
p
p
mf
mf
p
sf
sf
p
p
sf
sf
p

p legg.
p legg.
cresc
mf

N° 3

Mod.to (𝅗𝅥 = 72)
f
marcato
Moderato (72 = 𝅗𝅥)
Très rythmé.
f Marcato.
mf
Ped. (chaque mes.)
✳ Ped.
✳
f
3
p (écho)
pp
p
pp

f
f
mf
p (écho)
pp
p

Dim. poco a poco.
rall.
Rall.
2 Ped

N° 4

a tempo
En dehors.
Suivez.
mf
p
Suivez.
pp
A tempo.
Con Ped

f legato
Cresc.
p
Cantando.
p
p
p
p
Suivez.
rallent. dim.
pp
pp
Nº 5
Andte (♩ = 92)
p grazioso
Andantino (92 = ♩)
p
p
mf

poco
poco.
p
p Sost.
Con Ped
più f
mf
p
Sans Ped
p

rit.
p. a p.
Suivez.
mf
p
Poco
a t.
A tempo.
p sost.
Con Ped.
rall.
mf
Rall.
Lento
Lento.
p

Nº 6
Andte (♩ = 72)
dolce espressivo
Andante (72 = ♩)
p
pp
p
cresc.
En dehors.
Cresc.
Ped
dim.

poco cresc.
mf
Dolce.
Poco cresc.
p
Cresc.
pp
Sans Ped.
f
mf
f
Ped.
p
p
Ped.
mf
dim. p. a p.
mf
Dim. poco a poco.
poco rit.
a t°
p
p
legato
A tempo.
p
Suivez.
p
Dolce.
p

p
Suivez.
Dim.
pp
pp
Nº 7
Allegro moderato.
f
Très rythmé.
mf
mf
f

mf
p
mf
cresc.
p
p
p Cresc.
f
mf
f

sempre f
p
cresc.
mf
p
p
cresc.
molto
f
Cresc.
Cresc molto.

Nº 8

p
mf
p
p
Cresc.
Ped
mf
p
cresc.
Cresc.
p
Ped
Cresc.
p
cresc.
p
Cresc.
Ped
Ped
mf
dimin.
mf

p
cresc.
p
Cresc.
p. a p.
poco
a
poco.
f
cresc.
mf
p
Cresc.
Ped.
Ped.
cresc.
f
mf
f

Nº 9

Andte espressivo
Andante espressivo (72 = ♩.)
Sostenuto.
p
p
p
Un peu en dehors et expressif.
p
mf
dim.
Dim.
p
mf
p
p
mf
p
p
mf
poco
tr
tr

p
cresc.
mf
Cresc.
tr

dim.
p
Espressivo.
p
p
cresc.
mf
p
Cresc.
mf
f
dim.
rall.
p
Dim. e rall.
mf
p
dim.
pp
p
Dim.
pp

N° 10
Andantino cantabile (92 = ♩)
p sost.
p
p sost.
p
Dim.
pp
Cresc. poco.
mf
p

Suivez.
Cresc. poco.
A tempo.
Cresc.

N° 11

Sost.
Ped
Cresc.
dim.
Dim.
Poco animando
Poco animando.
Cresc.
poco
a
poco.
Dim.

rit. poco a poco
Suivez.
Dim.
poco animando
(♩. = 80)
Poco animando.
Cresc. poco a poco.
rall.
Suivez.
rit.
Rit.

A tempo. 1º
pp
Con Ped.
poco
p
Dim.
Ped.
Ped.
Sost.
pp
Suivez.
ppp
2 Ped.
Poco rit.
A tempo.
pp
ppp
pppp
Con Ped.

Nº 12

And^te poco Allegretto (♩.=100)
Andantino poco allegretto (100 = ♩.)
Expressif.
mf
p
Un peu en dehors.
mf sost. e legato.
poco.
Dim.
Cresc.
cresc.
En dehors.

p subito.
Cresc.
mf
Rit. molto.
A tempo.
p
Dim.
pp
sost.
poco.
mf
Dim.
p
Rit. e dim. poco a poco.
pp

Nº 13
All: mod:to (♩=126)
p
Allegro moderato (126=♩)
mf legg.
p
pp
p
p
cresc.
mf
Cresc.
mf

dim.
Dim.
p
Cresc.
cresc.
mf
dim.
Dim.
p
pp
cresc.
Cresc.
f

Nº 14
Molto mod.to
Molto moderato (60 = ♩)
Misterioso.
pp Una corda sempre.
Ped.
mf
p
pp
cresc.

mf
p
Ped.
pp
dimin.
ad lib.

p
poco
pp
Ped.
mf
dimin.
8a
Ped.
poco
A. L. 14,028.

Ped.
rall.
ad lib.
Dim. poco a poco.
p Rall.
dim.
Dim.

Nº 15

Andno (♩= 88)
p legat
Andantino (88 = ♩.)
p
Con Ped. (chaque mes.)
p
cresc.
Cresc.
dim.
Dim.
p
p

dim.
p
mf
Dim.
cresc.
Cresc.
pp
Rit.
rit.

Nº 46

Sempre cresc.
Suivez.
Cresc.
Cresc.
Cresc.

No 17

Poco lento
Poco lento (72 = ♩)
Dim.
Cresc.
Dolce.
poco
Dim.
Ped.
Con Ped. sempre.

poco riten.
a t°
espressivo
Poco riten.
A tempo.
Dim.
dim.
rall. poco
Suivez.
Un peu en dehors.
Con Ped
poco.
rall.
Suivez.
2 Ped

No. 18
Vivo (♩ = 132)
grazioso
Vivo (132 = ♩)
mf
p Legg.
f
pp
Poco.
Ped.
p
mf

p
Ped
p
Ped
mf
p
Ped
poco rit.
a t°
f
mf
Suivez.
A tempo.
p
Ped
Ped
Vivo.
mf
f
p Legg.

pp
mf
Ped.
*
p
Ped.
*
mf
mf
p
Ped.
*

Ped.
Cresc.
Ped.
poco rit.
Ped.
Ped.
a t°
poco rit.
A tempo.
Suivez.
A tempo vivo.
Cresc. molto.

N° 19
Andte espressivo poco adagio (♩. = 63)
Andante espressivo poco adagio (63 = ♩.)
p
dolc
p
Legato e sost.
mf
f
mf
dim.
p
dolc
mf

ad. lib.
sf
p
mf
Dim.
molto tranquillo
poco riten.
dolce
Suivez.
Molto tranquillo.
poco.
dim.
dim. et rall. poco
Poco rall.
pp

Nº 20
Allegretto
Allegretto (120 = ♩)
p
p
Cresc.
dim.
p
Dim.
p
mf
Ped.

A.L. 15,028.

p
p
crusc
mf
f
Ped.
*
p
crusc. 3
dim. 3
Dim.
p

Un peu retenu.
Dim.
Rall.
Ped.

NOTICES

sur quelques Ouvrages d'Enseignement musical, Traités, Théories, Méthodes, Leçons de Solfège, etc.

BARTHE (A.). — 90 Leçons d'Harmonie (1 vol. B. L. n° 315) . . . . 6 »

Cet ouvrage représente le complément indispensable de tout traité d'harmonie quel qu'il soit. Il amène l'élève méthodiquement et progressivement à mettre en œuvre, dans les leçons libres, la science acquise par l'étude théorique des traités. — Indépendamment des trois intéressantes séries de basses données, chants donnés, basses et chants alternés, les élèves qui préparent un concours important seront heureux de trouver dans cet ouvrage les sujets des Concours militaires et des Concours du Conservatoire.

BARTHE (A.). — Réalisations des 90 Leçons contenues dans le volume précédent (1 vol. B. L. n° 316). . . . . 12 »

Elles serviront de terme de comparaison et constitueront de précieux modèles d'écriture élégante et correcte ; elles sont de nature à guider particulièrement l'élève dans la recherche des imitations et des contrepoints renversables.

BAYER (J.), Professeur de chant dans les Écoles de la Ville de Paris. — Manuel de Pédagogie musicale (*1er volume*) (orale et écrite), préparant aux examens du certificat d'aptitude à l'enseignement du chant dans les Écoles normales et dans les Écoles de la Ville de Paris. 1 vol. in-16. relié pleine toile 4 »

Ce livre ne constitue pas une nouvelle théorie ; son but n'est pas d'apprendre la musique, mais de montrer comment elle peut être enseignée. Il est indispensable aux candidats qui préparent les examens ci-dessus, et aussi aux instituteurs et aux personnes désireuses de se consacrer au professorat de la musique.

L'auteur, estimant qu'il est préférable de laisser au maître ou à l'aspirant le soin de trouver lui-même une forme claire, simple et personnelle du développement de chaque leçon, s'est borné à présenter non pas un texte, mais un *plan* logique et aussi précis que possible, avec l'indication succincte de la manière de commencer et de terminer, ces deux éléments étant toujours les plus délicats, surtout lorsqu'il s'agit d'un enseignement oral.

Chaque plan est intentionnellement présenté *en une seule page*, sous une forme très concise et très frappante.

L'élève est mis ainsi, et d'un seul coup d'œil, en possession de la *substance essentielle* de chaque leçon ; il aura cette leçon elle-même sous les yeux, condensée en quelques phrases, et se rendra un compte exact de la manière dont il doit la conduire.

Quant au développement, on en trouve, à la fin du volume, quelques modèles qui suffisent à fournir sur ce point une indication précise. L'élève s'exercera à développer, d'une manière analogue, chacune des leçons du recueil en la présentant toujours *comme elle serait faite dans une classe, et devant des élèves*, avec l'emploi d'exemples, de questions, de réponses, et de mille petits moyens particuliers que suggèrent l'initiative et l'expérience.

MM. Auguste Chapuis, professeur d'harmonie au Conservatoire, inspecteur principal de l'enseignement du chant dans les écoles de la Ville de Paris ; A. Drouin, inspecteur de l'enseignement du chant dans les écoles de la Ville de Paris ; Henri Maréchal, inspecteur de l'Enseignement musical dans les Conservatoires et Écoles de musique, membre de la Commission de surveillance de l'enseignement du chant dans les écoles de la Ville de Paris ; Émile Pessard, professeur d'harmonie au Conservatoire de Paris, directeur de l'enseignement musical dans les trois maisons nationales d'éducation de la Légion d'honneur, ancien inspecteur et membre de la Commission de Surveillance de l'enseignement du chant dans les écoles de la Ville de Paris ; Gabriel Pierné, membre du Conseil supérieur de l'Enseignement au Conservatoire de Paris ; E. Schwartz, professeur au Conservatoire, professeur à l'École normale des Instituteurs de la Seine, personnalités compétentes en cette matière, ont adressé à l'auteur, dès l'apparition du premier volume, leurs félicitations pour l'œuvre éminemment utile et pratique qu'il venait de produire. On trouvera ces lettres en tête du volume.

BAYER (J.). — Manuel de Pédagogie musicale (*2e volume*) (orale et écrite). . . . . 5 »

Ce second volume, présenté avec préface de M. Gabriel Pierné, contient d'abord les indispensables indications pédagogiques relatives à l'enseignement de la musique (Éducation musicale. Programmes. Emploi du temps. Préparation de la leçon. Interrogation, etc., etc.., et à la préparation des épreuves écrites des examens.

Il renferme, en outre, de très nombreux textes empruntés aux examens les plus récents, et, en particulier, les textes officiels des vingt dernières années, pour la plupart du temps accompagnés d'un plan et souvent même des grandes lignes. Comme pour les leçons au tableau noir, chaque plan est présenté en une seule page et quelques sujets, à titre de modèles, sont traités entièrement.

L'ouvrage se termine par des indications très détaillées relatives à l'Historique de l'enseignement de la musique, tant en France qu'à l'étranger, par les renseignements complets se rapportant à l'organisation actuelle de cet enseignement (en y comprenant tous les extraits des décrets, arrêtés, programmes, circulaires, méthodes, etc..., etc. que chaque professeur ne doit ignorer), et par les formules nécessaires en vue de l'inscription des candidats aux différents examens.

BÜSSER (H.). — Leçons manuscrites de Solfège à changements de clés à l'usage des Élèves-chanteurs, écriture autographe de l'auteur.

Avec accompagnement (1 vol. B. L.) . . . . 4 »
Sans accompagnement (1 vol. B. L.) . . . . 1 »

1er Volume : 20 leçons. Édition A. Voix de femmes (clés de *sol* 2e ligne, *ut* 1re ligne, *ut* 3e ligne et *fa* 4e ligne) (1 vol. B. L. n° 496).

Le même, sans accompagnement (1 vol. B. L. n° 497).

1er Volume : 20 leçons. Édition B. Voix d'hommes (clés de *sol* 2e ligne, *fa* 4e ligne, *ut* 4e ligne) (1 vol. B. L. n° 498).

Le même, sans accompagnement (1 vol. B. L. n° 499).

1er Volume : 20 leçons. Édition C. Toutes voix (clés de *sol* 2e ligne : *fa* 4e ligne, *ut* 1re, 3e et 4e ligne) (1 vol. B. L.)

Le même, sans accompagnement (1 vol. B. L.).

CATEL. — Traité d'Harmonie, nouvelle édition bien complète et conforme à l'édition du Conservatoire (1 vol. Fᵗ in-16) . . . . 2 »

Le même, cartonné 2 25

CLOUZET (P.-A.). — L'Harmonie en exemples, ou Harmonie pratique des jeunes pianistes ou organistes. Accords. Modulations. Progressions. Marches d'harmonie, etc., pour servir de préparation à l'étude de cette science. 4 »

DROUIN (A.) et **BERTRAND** (P.). — Cours pratique d'Harmonie, complet en 5 fascicules. Chaque 2 »
Les 5 fascicules réunis (1 vol. B. L. n° 378) . . . . 6 »

Le but de cet ouvrage est de *populariser l'étude de l'harmonie* en restreignant la part de la mémoire et en faisant appel à l'observation et au raisonnement.

L'élève s'assimile ainsi très rapidement et sans effort les grandes lignes de cette grammaire musicale et arrive *en quelques mois* d'étude à écrire correctement des choses faciles.

DURAND (E.). — Traité complet d'Harmonie (1 vol. B. L. n° 35) . . . . 25 »

En usage au Conservatoire de Paris et dans ses succursales ainsi que dans les Conservatoires de Belgique, de Suisse, etc., ce Traité d'harmonie est le plus clair et le plus complet qui ait été publié jusqu'à ce jour. Aucun accord nouveau, aucune formule nouvelle n'ont échappé au consciencieux professeur, et plus rien n'étonnera les lecteurs de ce remarquable ouvrage dans les œuvres les plus avancées des compositeurs de notre époque. A la fin du Traité, outre la table des matières, on a placé une table alphabétique permettant de trouver immédiatement les mots, termes, expressions, etc., aux pages où ils sont expliqués ou employés.

DURAND (E.). — Réalisations des Leçons du Traité d'Harmonie (1 vol. B. L. n° 36). . . 12 »

Ce volume qui fait suite au premier contient le corrigé des Leçons données dans le Traité. C'est un ouvrage de grande utilité pour les professeurs, mais son usage sera précieux à tous et même indispensable à tout élève travaillant isolément. En outre, il peut aussi servir comme livre de Lecture d'Harmonie appliquée au piano.

DURAND (E.). — Traité d'Accompagnement au Piano (1 vol. B. L. n° 67). . . . . 18 »

Ce Traité s'adresse à tout pianiste qui veut devenir bon musicien pratique. Il comprend : 1° La lecture et la réalisation de la basse chiffrée sur le clavier ; 2° La formation de l'harmonie sous le chant donné ; 3° La réduction au piano de la partition d'orchestre ; 4° La transposition sous toutes ses formes.

DURAND (E.). — Traité de Composition musicale (1 vol. B. L. n° 342) . . . . 20 »

Renfermant dans une forme aussi condensée que possible l'ensemble des connaissances utiles à tous les musiciens, ce Traité passe en revue toutes les formes de la composition musicale (sonate, quatuor, fantaisies, musique de danse, musique militaire, musique vocale, opéra, opéra-comique, chœurs, musique religieuse, etc.). Outre plusieurs analyses instructives de morceaux classiques, il contient plus de 600 exemples tirés des grands maîtres : Bach, Haendel, Haydn, Mozart, Beethoven, Weber, Schubert, Mendelssohn, Schumann, Chopin, etc., ainsi que des opéras de Glück, Halévy, Hérold, Rossini, Verdi, V. Massé, F. David, Gounod, Bizet, Massenet, Saint-Saëns, Wagner, etc. Cet ouvrage s'adresse aussi bien aux apprentis compositeurs qu'aux artistes exercés : les uns y trouveront un guide qui les dirigera dans leurs premiers essais, les autres y verront la confirmation écrite et méthodiquement raisonnée de beaucoup de notions connues parfois un peu confusément et que l'auteur a fixées en préceptes clairs et précis.

DURAND (E.). — Abrégé du Cours d'Harmonie (1 vol. B. L. n° 224) . . . . 10 »

Rédigé dans une forme claire et attrayante, d'après le cours complet d'harmonie, et très complet lui-même, l'Abrégé est cependant de proportions assez modérées pour rassurer les personnes que l'importance considérable des ouvrages spéciaux était de nature à effrayer un peu. Cet ouvrage comble donc une lacune en répondant au besoin réel des musiciens qui ne se destinent pas à devenir des harmonistes consommés, mais qui bornent leur ambition à connaître les éléments les plus essentiels de l'harmonie ; ils prendront le goût d'une science un peu abstraite que l'Abrégé leur permettra de s'assimiler sans de trop grands efforts. En résumé, cet ouvrage, essentiellement pratique, a résolu ce problème : *apprendre seul l'harmonie.*

DURAND (E.). — Réalisations des Leçons de l'Abrégé (1 vol. B. L. n° 251) . . . . 5 »

C'est l'auxiliaire précieux des élèves sérieux qui ne s'en serviront pas pour copier le corrigé de leurs leçons ; et ce n'est pas un des moindres attraits de l'Abrégé du Cours d'harmonie que de permettre en cas d'hésitation de trouver la clé d'une difficulté de réalisation.

DURAND (E.). — Théorie musicale (1 vol. B. L. n° 238) . . . . 7 »

La même, en deux parties :

1re Partie : (1 vol. B. L. n° 238 *bis*). . . . . 4 »

2e Partie : (1 vol. B. L. n° 238 *ter*) . . . . 4 »

Dans la première partie, se rencontre tout ce qui a rapport à l'écriture musicale, aux mesures, aux intervalles, aux gammes, aux modes, aux genres, aux rythmes, aux mouvements, aux nuances, ainsi qu'une première étude de l'échelle musicale. Tout ceci amené bien graduellement et suivant la marche habituelle des études pratiques de solfège. — Dans la deuxième partie, on trouve une seconde étude de l'échelle musicale, le système complet des clés, les premières notions de l'harmonie, un chapitre sur la modulation, un autre sur la transposition, l'enchaînement des tonalités, les artifices mélodiques, le plain-chant et les abréviations. — Le questionnaire qui contient les réponses facilitera l'étude à l'élève et simplifiera la tâche du professeur. En effet, la plupart des élèves ne sauraient *formuler* avec toute la netteté désirable certaines réponses, notamment lorsqu'il s'agit de *définition* ; quant au professeur, il lui sera ainsi évité un *travail* qu'il saura gré à l'auteur de lui avoir épargné. Cette théorie, par sa clarté, ses nombreux exemples, son questionnaire habilement conçu, son étendue et surtout par sa gradation méthodique est un ouvrage unique et qui s'adresse aussi bien aux professeurs qu'aux jeunes élèves débutants, ou avancés déjà.

DUREAU (Th.). — Cours théorique et pratique d'Instrumentation et d'Orchestration, à l'usage des Sociétés de Musique instrumentale, Harmonies et Fanfares.

Cet ouvrage constitue le vade-mecum indispensable à tout Directeur ou à tout aspirant-Directeur de Sociétés musicales (Harmonies ou Fanfares). Il convient aussi parfaitement aux musiciens qui préparent les examens de chef ou de sous-chef de musique de l'armée.

Il est le plus clair, le plus complet et le plus moderne qui ait été écrit sur cette matière, et présente, sur les traités similaires existant déjà, l'avantage d'être plus substantiel, c'est-à-dire de contenir le plus grand nombre de notions précises sous une forme très condensée.

Il est, de plus, coté à un prix modique qui le met à la portée de tous.

1er Volume : Instrumentation. — (1 vol. B. L. n° 381). . . . . 8 »

La PREMIÈRE PARTIE (*Instrumentation*) enseigne les lois de la sonorité, du mécanisme et de l'étendue des divers instruments actuellement en usage.

La monographie de chacun des instruments est suivie d'exercices spéciaux en vue de préparer à la lecture au diapason *réel*, de la notation écrite pour les instruments transpositeurs.

Grâce à ces exercices, on se familiarisera d'une manière très rapide avec la lecture de la partition.

2e Volume : Orchestration. — Fanfares. — (1 vol. B. L. n° 382) . . . . 7 »

La SECONDE PARTIE (*Orchestration. —Fanfares*) étudie l'art de grouper les différents agents du matériel sonore séparément ou simultanément suivant leur degré d'expression ou leur caractère.

Le texte est appuyé de plus de 70 exemples empruntés aux œuvres les plus célèbres des meilleurs auteurs (Beethoven, Berlioz, Bizet, Delibes, Gounod, Lalo, H. Maréchal, Massenet, Mendelssohn, Meyerbeer, Mozart, Parès, Pessard, Pfeiffer, Rossini, Saint-Saëns, Schumann, Sellenick, Verdi, Wagner, Weber, etc.). Des extraits particulièrement développés sont consacrés aux auteurs modernes et accusent, de la manière la plus frappante, les tendances significatives de l'art musical contemporain. Ces exemples sont *incorporés dans le texte même*, ce qui évite l'emploi simultané toujours fort incommode de deux volumes différents.

Les deux volumes ensemble . . . . 12 »

DUVERNOY (H.). — École de Style, leçons manuscrites de solfège à changements de clés :

1er Livre : 20 leçons. *Programme des élèves chanteurs*. Avec accompagnement de piano (1 vol. B. L. n° 271) . . . . 3 »

Emploi de 5 clés (clés de *sol*, *ut* 1re, *ut* 3e, *ut* 4e et *fa* 4e lignes).

Le même, sans accompagnement . . . . 1 »

2e Livre : 20 leçons. *Programme des élèves instrumentistes*. Avec accompagnement de piano (1 vol. B. L. n° 272) . . . . 3 »

Emploi de 7 clés (clés de *sol*, *ut* 1re, *ut* 3e, *ut* 4e, *fa* 3e et *fa* 4e lignes).

Le même, sans accompagnement . . . . 1 »

DUVERNOY (H.). — 90 Leçons mélodiques de Solfège, avec accompagnement de piano, sur toutes les clés et les mesures connues :

1er Volume : 30 leçons. Clés de *sol* 2e et *fa* 4e lignes (1 vol. B. L. n° 115) 3 50

2e Volume : 40 leçons. Clés d'*ut* 1re, 2e, 3e et 4e, *fa* 3e et *sol* 1re lignes (1 vol. B. L. n° 116). 3 50

3e Volume : 20 leçons à changement de clés. Emploi des 8 clés (1 vol. B. L. n° 117). . 3 50

Les mêmes, sans accompagnement, réunies (1 vol. f° in-16) . . . . 2 »

— — — Chaque livre séparé . . . . 1 »

DUVERNOY (H.). — Étude complète des Intervalles, mineurs, majeurs et justes, avec accompagnement de piano (1 vol. B. L. n° 168). 2 50

DUVOIS (Ch.). — Méthode élémentaire de l'accompagnement de Plain-Chant (f° in-8°) . . 1 25

DUVOIS (Ch.). — Méthode théorique et pratique de l'Accompagnement du Plain-Chant (1 vol. f° in-4°). . . . . 5 »

FARRENC (L.). — Traité des abréviations, signes d'agréments et ornements employés par les clavecinistes XVIIe et XVIIIe siècles (1 vol. B. L. n° 288) 1 50

HAUSSER (H.). — Traité pratique de Transposition (écrite et à vue), appliqué au piano, au chant, et à tous les instruments (1 vol. B. L. n° 480) . . . . 4 »

Tableaux récapitulatifs (Extraits du Traité) (B. L. n° 481) . . . . » 50

Ce traité, essentiellement pratique, est *indispensable* à tout amateur susceptible d'être amené un jour à accompagner des chanteurs ou des instrumentistes, évite de placer l'élève dans l'obligation de s'assimiler toutes les clés avant d'aborder les bases de la transposition, et permet d'effectuer à vue (toujours sans l'étude préalable des clés) les transcriptions au 1/2 ton chromatique et à la seconde inférieure ou supérieure, qui sont celles employées le plus fréquemment. — Des tableaux récapitulatifs d'une conception tout à fait nouvelle, qu'on ne rencontre dans aucun autre ouvrage, donnent instantanément tous les renseignements nécessaires à toute transposition. Il contient de nombreux exemples d'exercices tirés des Maîtres anciens et modernes, et est suivi d'un appendice relatif aux instruments transpositeurs et aux transpositions spéciales aux instruments à pistons.

MALHOMÉ (J.). — Traité des Artifices mélodiques appliqués à l'Harmonie (1 vol. B. L. n° 374) . . . . 4 »

(Note de passage, broderie, appoggiature, anticipation, échappée, syncope, port de voix, mordant, gruppetto.)

Tous les *artifices mélodiques* sont généralement traités d'une façon très superficielle dans la plupart des traités d'harmonie. Leur connaissance est cependant nécessaire en raison de la grande place qu'ils tiennent dans l'harmonie moderne à laquelle ils sont étroitement liés, et du rôle important qu'ils jouent, tant dans la partie mélodique prépondérante que dans le dessin mélodique des autres parties.

RATEZ (E.). — 100 Leçons progressives de Solfège, avec accompagnement de Piano et à changement de clés, en deux volumes :

1er volume. — Clé de *sol* 2e; Clé de *fa* 4e; Clés de *sol* 2e et de *fa* 4e mélangées; Clé d'*ut* 1re; les trois clés mélangées (1 vol. B. L.) . . . . 5 »

Le même, sans accompagnement (f° in-16) . . . . 1 »

2e volume. — Clé d'*ut* 3e; Clé de *sol* 2e, de *fa* 4e, d'*ut* 1re et d'*ut* 3e mélangées; Clé d'*ut* 4e; les cinq Clés mélangées (1 vol. B. L.). . . . . 5 »

Le même, sans accompagnement (f° in-16) . . . . 1 »

RATEZ (E.). — Traité élémentaire de Contrepoint et de Fugue (1 vol. B. L. n° 365) . . **6** »

L'étude du Contrepoint et celle de la Fugue, à laquelle il aboutit, doivent être considérées surtout comme une gymnastique destinée à acquérir et à développer la facilité d'écriture. Poussées trop loin, ces études peuvent aller contre leur but, et, au lieu de féconder l'imagination, la dessécher, en l'occupant à des choses sans application pratique. Il y avait donc une lacune à combler en publiant un Traité de Contrepoint et de Fugue vraiment élémentaire, pratique, et, par son prix, à la portée de tous.

RATEZ (E.). — Traité d'Harmonie théorique et pratique. (1 vol. B. L. n° 506) . . . . **10** »

On a souvent reproché, non sans quelque raison, aux Traités d'Harmonie les plus réputés, leur complication extrême.

L'ouvrage de M. Ratez comble, à cet égard, une lacune, car, tout en étant très complet, il est essentiellement *clair et pratique* et s'attache à présenter, sous une forme simple, l'étude si aride de l'Harmonie selon une méthode rigoureusement rationnelle et objective.

Il expose très judicieusement les *bases fondamentales de notre art musical actuel*, les lois générales qui en dérivent nécessairement et dont ne s'écartent pas les agrégations harmoniques les plus ingénieuses.

Il étudie ensuite, d'une manière très approfondie et très nouvelle, la question de l'*application aux modes anciens de l'harmonie moderne*, et cet « Appendice » est de nature à stimuler utilement l'imagination des jeunes compositeurs quant à l'emploi de modes nouveaux, qui sont en mesure d'assurer un accroissement considérable aux moyens d'expression de l'art musical.

Ajoutons que ces éléments essentiels représentant en quelque sorte la *substance* de la science harmonique, sont présentés sous une forme extrêmement *condensée*, et que cet ouvrage, aux développements assez restreints, reste d'un prix accessible à tous.

RICHERT (F.). — Cours théorique et pratique de Musique vocale contenant un exposé analytique et raisonné des principes de l'art du Chant et un abrégé de la théorie du Plain-Chant (1 vol. f[t] in-8°) . . . . **5** »

RICHERT (F.). — Traité élémentaire de Plain-Chant : Notation, clefs, rapports des sons, intonation. Nature et origine des divers modes. Détermination du mode. Tons transposés. Règles de la psalmodie. Exécution du Plain-Chant (1 vol. f[t] in-8°) **1 25**

RIMSKY-KORSAKOFF (N.). — Traité d'Harmonie. **10** »

La publication en langue française de ce célèbre ouvrage d'un des maîtres les plus considérables de l'École russe moderne, en provoquant un très vif et très légitime mouvement de curiosité, répond en même temps à un pressant besoin.

De nombreux traités, légitimement appréciés, exposent d'une manière très heureuse et très complète tous les faits harmoniques, mais on y trouve fort peu d'indications pédagogiques relatives à *la réalisation d'un chant donné*, au bon choix des accords (basé sur une connaissance précise de leur rôle tonal) : à l'affinité des tonalités et des accords communs, qui constitue le principe fondamental et pour ainsi dire la clef de la modulation.

Il en résulte que, fort souvent, l'élève, après s'être familiarisé avec toutes les règles de l'harmonie, reste fort embarrassé pour réaliser un chant, composer un prélude de quelques mesures, ou moduler habilement et à propos d'un ton dans un autre.

Le présent ouvrage s'attache tout particulièrement à exposer avec clarté les procédés de réalisation d'un chant et ceux de la modulation, en partant des moyens les plus simples pour arriver aux plus complexes. Il éveille ainsi (et de la manière la plus heureuse) le sens musical de l'élève et ne nécessitant qu'une seule année d'étude, il l'amène rapidement à pouvoir poursuivre ses études sans l'aide continuelle du professeur.

RODOLPHE. — Célèbre solfège complet, à 2 voix, dont le questionnaire a été complété et dont les leçons trop hautes ont été baissées (1 vol. B. L. n° 58) . . . . **4** »

Ouvrage en usage dans les classes du Conservatoire de Paris et des succursales.

Le même, cartonné . . . . **5** »

RODOLPHE. — Solfège à 2 voix, nouvelle édition (1 vol. f[t] in-16), broché. . . . . . **2** »

Le même, cartonné. **2 25**

RODOLPHE. — Solfège à 1 voix, nouvelle édition revue par J. ARNOUD (1 vol. f[t] in-16), broché. **2** »

Le même, cartonné. **2 25**

SERVEL (P.). — Petite Méthode de Dictée musicale (1 vol. in-16), cartonné. . . . . **2** »

A l'usage des instituteurs et des professeurs de musique dans les cours supérieurs, les cours complémentaires, les écoles primaires supérieures et les écoles normales, pour la préparation rapide des aspirants au brevet supérieur.

Cet ouvrage et ses compléments annuels (*voir ci-dessous*) sont indispensables à tous les professeurs ayant un besoin continuel de questions diverses de théorie, ainsi que de nombreux textes de dictées de degrés de force et de genre différents.

SERVEL (P.). — Complément annuel à la Petite Méthode de Dictée musicale. . . . **2 50**

Un complément annuel est publié au mois d'avril de chaque année, contenant le texte des épreuves de dictée musicale et de théorie imposées dans toutes les académies pour les sessions de juillet et octobre.

SOULLIER (Ch.). — Dictionnaire complet de musique (1 vol. f[t] in-16) **2 50**

Le même, cartonné **2 75**

Contenant l'explication de tous les termes employés en musique et des notices (très explicites sur les diverses formes musicales et les divers instruments usités dans tous les temps et dans tous les pays.

THURNER (A.). — Solfège ou Dictées des Rythmes (1 vol. f[t] in-8°). **1 50**

Étudiant toutes les combinaisons de valeurs, propres à développer le sens si indispensable du rythme musical.

THURNER (A.). — Dictées musicales d'Intonation (1 vol. f[t] in-8°) **1 50**

La variété des intonations et la forme des tournures mélodiques tiennent constamment en éveil l'attention de l'élève et aident fortement au développement de ses facultés auditives.

❖ ❖ ❖ ❖

NOTA. — Pour les Principes de musique, Théories élémentaires, Leçons de solfège, Manuels, Devoirs, Exercices de lecture et de dictée, Ouvrages d'enseignement adoptés dans les Écoles de la Ville de Paris, Cahiers pour écrire la musique, Chœurs pour enfants, etc., etc., demander le Catalogue spécial.

www.ingramcontent.com/pod-product-compliance
Ingram Content Group UK Ltd.
Pitfield, Milton Keynes, MK11 3LW, UK
UKHW020951180726
13838UKWH00003B/1259

9 782329 371184